Johann Hill

Das heilige Kraut oder die Kräfte der Salben

Sarastro Verlag

Johann Hill

Das heilige Kraut oder die Kräfte der Salben

1. Auflage 2012 | ISBN: 978-3-86471-232-6

Erscheinungsort: Paderborn, Deutschland

Nachdruck des Originals von 1921.

Johann Hill

Das heilige Kraut oder die Kräfte der Salben

Sarastro Verlag

Antiquarische Raritäten 4.

Das heilige Kraut

oder

die Kräfte der Salbey

zur Verlängerung des
menschlichen Lebens

Von

Dr. Johann Hill

*

Aus dem Englischen

*

Wortgetreu nach der Ausgabe
von 1778

1 9 2 1

J. Scheible's Verlag (Ed. Nahr) Kiel

Das heilige Kraut,

oder

die Kräfte der Salbey

zur

Verlängerung des menschlichen Lebens.

Von

Dr. Johann Hill.

Aus dem Englischen.

Wortgetreu nach der Ausgabe von 1778.

Stuttgart, 1853.
Antiquariat von J. Scheible.

Ein Greis von einer gefunden Natur, und deſſen Lebenskräfte und Sinne noch außerordentlich wenig geſchwächt waren, erzählt mir, er hätte dieſe Wohlthat der Salbey zu verdanken. Er lachte das Land= volk ſehr aus, die ſie in ihren Käs thaten, und hieß diejenigen einfältig, welche Thee davon machten. Er gab vor, er brauchte ſie auf eine ganz eigene Art, die ihm allein bekannt wäre.

Ich behielt dieſe Sache in meinem Ge= dächtniſſe, und ſie erinnerte mich an die großen Lobſprüche, die man der Salbey beigelegt hatte, und wie wenig ſie jetzt im

1 *

Gebrauch sei, da sie so große Wunder
thun soll.

Wenn ja etwas das menschliche Leben
verlängern kann, so liegt uns sehr viel.
daran, so ist es unsere Schuldigkeit, unser
Augenmerk darauf zu richten. Wenn man
auch dadurch nur so viel erhalten kann,
daß man den von der Natur gesetzten Zeit=
punkt erlebt, das Gedächtniß vollkommen,
und die Sinnen ungeschwächt, wie bei die=
sem Manne, erhält, so ist dieses eine
Kenntniß, die alle andere weit hinter
sich läßt.

Es scheint als wenn die Alten, die in
nützlichen Dingen weiser, als wir, waren,
ob sie es schon in speculativischen Wissen=
schaften nicht waren, diese Tugend der
Salbey gewußt hätten, und daß dieses in

dem Zeitraume, der sich zwischen ihnen und uns befindet, nebst vielen andern nützlichen Sachen, verloren gegangen ist. Es verdient dieser Umstand wenigstens untersucht zu werden, ob er wahr ist, und man wird es mir vermuthlich nicht für etwas Geringes auslegen, wenn ich der Geschichte meines alten Mannes etliche Bogen widme.

Es ist dieses keine ungegründete Meinung daß man das Leben verlängern kann. Man sieht, daß es durch eine üble Lebensart kann verkürzt werden, und es läßt sich hieraus mit Recht schließen, daß es durch eine bessere und regelmäßige Aufführung kann verlängert werden. Und was noch mehr ist, es kann solche machen, daß man die letzten Jahre munter und gesund durchlebt, welches nichts Geringes ist.

Der Gedanke, die Menschen hier unsterblich zu machen, ist vergeblich, da dieses dem Laufe der Natur und den Absichten Gottes entgegen ist. Man muß sich schämen, daß Jemanden dieser Gedanke eingekommen ist, und doch hat es Leute gegeben, die solches vorgegeben haben, und noch dazu waren es Weltweise und Chemisten. Es ist nicht zu hart, wenn man sagt: daß die Ersten Narren, und die Andern Betrüger gewesen sind. Allein ungeachtet es sehr ungereimt ist, nicht sterben zu wollen, so ist es doch weder närrisch noch abgeschmackt gehandelt, wenn man den Zuspruch des Todes weit hinausschieben kann. Es haben sich sehr gesetzte Männer diesen Gedanken einkommen lassen, und einige der größten Weisen haben solches

versucht. Sind sie ihres Wunsches nicht
gewährt worden, so kann man wohl sagen,
daß sie die rechten Mittel verkannt, nicht
aber, daß sie etwas Unmögliches begehrt
haben. Man hat sie in den kostbarsten
und theuersten Dingen in der Natur gesucht, gleich als wenn sie bloß deßwegen
darein wären gelegt worden, damit sie
theuer und kostbar sein könnten. Allein
die Natur hat öfters, ja fast meistentheils
den gemeinsten Dingen die größten Kräfte
eingegossen. Sie haben es auch mit Dingen
versucht, die ihrer Natur nach sehr lang-
während und dauerhaft sind, gleich als
wenn sie es vergessen hätten, daß eben
diese Eigenschaft sie ungeschickt macht, dem
Körper einige Kraft mitzutheilen.

So viel ist gewiß, daß sich das mensch-

liche Leben verlängern läßt, und daß die
Arzneikunst dazu etwas beitragen kann.
Es ist aber diese Arznei nicht im Golde
und in Edelsteinen zu suchen, ob man schon
diesen Männern, die es vorgeschlagen haben,
viele Ehrfurcht schuldig ist. Perlen sind
Schaalen, und sie haben nicht mehr Kraft
als die Muschel, die sie erzeugt, und sollte
der Smaragd einige Kraft besitzen, so weiß
man, daß er Kupfer in sich hat, denn die=
ses gibt ihm die Farbe, und Kupfer ist eine
schädliche Sache, wenn man sie als eine
Arznei brauchen will. Der Bezoar, die
Perle der Ziegen, ist so gut eine nichts=
würdige Sache, als die Perle der Muschel,
und das Einhorn eine Lumperei. Die
andern Edelgesteine sind bei allen ihren
großsprecherischen Namen und theuern

Preisen eben so unwirksam, als der Sma=
ragd, oder der Saphir, schädlich sind.
Ihre Theile sind zu genau mit einander
vereiniget, als daß sie das Wenige, was
sie besitzen, von sich lassen könnten, es mag
nun gut oder schädlich sein. Ein verstän=
diger Mensch würde dieß eben so wenig
glauben, wenn ihm Jemand erzählte, daß
er sein Leben durch die Arzneikräfte dieser
Edelgesteine verlängert habe, als er die
Erzählung des alten Bootius von Boot
für wahr hält, welcher behauptet, er habe
deßwegen bei einem Falle nicht den Hals
gebrochen, weil er einen von den gedachten
Steinen in einem Ringe an dem Finger
getragen.

Will man auf eine gegründete Weise
sein Leben verlängern, so muß man für

allen Dingen auf dasjenige Acht haben, was es zerstört. Der menschliche Körper, der für eine bestimmte Zeit gemacht ist, trägt dasjenige bei sich, was ihn zerstört. Der Leib nützt sich durch den Gebrauch ab, ohne daß man es verhindern kann. Gibt man aber auf die Ursache dieser Abnahme Acht, so kann man die letzten Stunden weiter hinaussetzen, und sie erträglicher machen.

Man lebt bei einem ungehinderten Kreislaufe des Blutes. Unsere Kräfte nehmen ab, wenn er vermindert wird, und wir sterben, wenn er aufhört. Wir kommen also durch das Alter nach und nach um, und verlieren in einem jeden Alter einige Stärke der Sinne und des Körpers. Der Tod hat tausend Thüren, einen Ausfall

auf uns zu thun, allein diejenige, durch
welche er uns langsam und ordentlich über=
schleicht, ist beständig offen. Verstand und
Gedächtniß erhalten wir durch das Ge=
hirne, und soll solches vollkommen wirken,
so muß es in der That völlig und weich
sein. Wenn dieses abnimmt und austrock=
net, so merkt man gleich an beiden einen
Abgang, und endlich verliert man das Eine
oder das Andere gänzlich, wenn dieser
Theil des Körpers sehr ausgetrocknet und
zusammengefallen ist.

In dem ersten Zeitpunkte des Lebens
ziehen und erweitern sich die Schlagadern
stark und ungehindert zusammen. Ihr
Zusammenziehen treibt das Blut mit einer
solchen Kraft vorwärts, die es durch die
entfernten und kleinsten Gefäße bis in die

äußersten Theile durchführt. Und ihre
Ausdehnung gibt nachher dem Herzen, dem
Sitze und der Quelle des Lebens, einen
leeren Raum, das Blut in dieselben hinein
zu stoßen, das es als eine Folge seiner
ersten Bewegung aus den Blutadern er=
halten hat. So lange dieses richtig ge=
schieht, so lange leben wir und sind gesund.
Allein das Alter macht die größern Gefäße
hart, und dieses verhindert ihre Bewegung.
Ist die Kraft geschwächt, welche das Blut
vorwärts treibt, so stockt es in vielen klei=
nen Gefäßen am Ende, und davon werden
bei alten Leuten Hände und Füße mager
und kalt. Denn Wärme und Nahrung
sind ihnen besonders zuträglich. Endlich
werden diese größern Gefäße bloße Knochen;
sie können sich weder mehr zusammenziehen

noch erweitern; das Herz ist nicht mehr
im Stande, das Blut in die Schlagadern
hineinzutreiben, das es aus den Blutadern
überkommen hat, es hört auf zu schlagen,
und zugleich auch das Leben. Dieses ist
der natürliche Tod ohne Krankheit. So
stirbt ein Greis bloß für Alter. Wenn
man also die Ursache deutlich weiß, so weiß
man auch den Weg, den man gehen muß,
um das Alter aufzuhalten.

Die Sache ist auch in Ansehung der
Seelenkräfte ganz unstreitig. Will man
das Leben verlängern, so muß man die
Verhärtung der größern Gefäße verhüten.
Um diese und das Gedächtniß im guten
Stande zu erhalten, muß man suchen, das
Gehirne für aller Zusammenschrumpfung
und Austrocknung zu bewahren. Der

Gegenstand unserer Aufmerksamkeit ist ausgeforscht. In wie ferne aber und durch was für Mittel wir unsern Endzweck erhalten, ist noch unentschieden.

Um im Alter wie in der Jugend gesund und verständig zu sein, muß man sich bemühen, daß der Körper im Alter so viel möglich, fast wie in der Jugend beschaffen ist; ganz wie in der Jugend beschaffen zu sein, ist nicht möglich.

Arbeit macht vor der Zeit alt, und heftige Leidenschaften und Unmäßigkeit schwächen und verderben das Gehirne; sie machen, daß die körperlichen Schwachheiten des Alters doppelt empfunden werden. Es müssen also diejenigen, welche alt werden, und dabei munter sein wollen, so viel möglich nach eigenem Gefallen leben können.

Sie müssen ein ruhiges und mäßiges Leben führen. Dieses wird mehr thun als Arzneien. Doch wir wollen auch sehen, was diese dazu beitragen können.

Diejenige Arznei, welche zu diesem Endzweck etwas beitragen kann, muß:

1) Die Kraft besitzen, das Blut gelinde und mit Bestand durch die kleinen Gefäße zu treiben. Denn die größern Gefäße fangen nicht eher an hart zu werden, als bis die kleinen, welche ihre Häute durchströmen, verstopft sind.

2) Mit einem anhaltenden, gelinden und erweichenden Dampf die Gefäße und Häute allenthalben zu erweichen, wo sie nur durchgehen. Denn dieses wird sowohl die Verhärtung der gedachten Theile, als die Zusammensinkung des Gehirnes verhüten.

Es muß aber solches mit einem Balsam geschehen, der nicht hart und trocken, oder harzicht ist. Es muß ein Balsam sein, der, ohne zu erhitzen, einbringt, und lange wirken kann, wenn er einmal einge= drungen ist.

3) Die Lebensgeister zu ermuntern, an= zufrischen, und in Bewegung zu setzen. Denn dieses befördert ihren Lauf und spannt das Gehirne· aus, und verhindert, daß es nicht zusammen fällt. Man hat in dieser Absicht den Wein angepriesen, und solchen die Milch der Greise genannt. Allein diejenigen, die ihn lobpreisten, leb= ten in andern Ländern. Wein ist bei uns nicht Wein, und geistig abgezogene Getränke, oder die sogenannten Liqueurs wirken unsern Absichten schnurstracks zuwider.

4) Die Leidenschaft zu stillen und zu mäßigen. Denn es kann solches durch Arzneien geschehen, weil sie den Lauf der Lebensgeister leiten können. Und was kann glücklicher für uns sein, da eben die Arzneien, welche sie beruhigen, wenn sie zu heftig sind, solche auch in Bewegung bringen können, wenn sie zu ruhig sind! Denn es entstehen diese Unordnungen entweder von einem Sturme, oder von einer Stille in ihren Bewegungen; und die Wirkung solcher einfacher Mittel besteht darinnen, daß sie eine gleiche Bewegung verursachen. Hierzu hat man, mit der Sprache der Aerzte zu reden, einen gelinden Reiz, einen milden und gemäßigten Balsam, ein stärkendes und stillendes Mittel nöthig. Die klügsten Schriftsteller behaupten, daß Alles

2

dieses in der **Salbey** anzutreffen sei. Es
hatte also mein Greis den rechten Pfad
erwählt. Wir wollen etwas umständlich
nachsehen, was sie davon sagen. Sie sagen
Alle einstimmig, daß sie das Leben ver=
längert, die Seelenkräfte und das Gedächt=
niß erhält, und durch eine angenehme
Wärme aufmuntert, belebt und verjüngt.
Diese Lobsprüche hat keine andere Pflanze
erhalten. Die griechischen Aerzte legen ihr
überhaupt die Eigenschaft bei, daß sie ohne
Schärfe erwärmte, dem Gehirne sehr dien=
lich, und dem Magen sehr angenehm sei.
Sie baute den Catarrhen, den Blähungen
und der Unverdaulichkeit vor, und erregte
allemal einen mäßigen, niemals aber einen
heißhungrigen Appetit. Sie sei auch nütz=
lich im Krampfe, in der Taubheit, in der

Blödigkeit des Gesichts, und schärfte den
Verstand. Sie nannten sie dahero das
heilige Kraut. Dieses waren ihre allgemeinen und ausgemachten Kräfte.

Besondere Geschichten von ihren Kräften
findet man in Menge in den besten Schriftstellern, und nicht etwa bloß in denjenigen,
welche von den Arzneien und Krankheiten
eines besondern Landes geschrieben haben,
sondern in allen. Die Natur hat ihren
Nutzen Jedermann gelehrt, und die Ueber-
einstimmung aller Menschen hat ihre Kräfte
bewiesen. Wo nur Salbey wächst, und
das geschieht fast überall, da findet man
sie in den ältern und neuern Zeiten gleich
stark angerühmt. Das Zittern der Glie-
der, welches, wenn es sehr heftig ist,
gemeiniglich das ganze Glied unbrauchbar

2*

macht, und in einem wenigern Grad fast
bei allen Greisen gewöhnlich ist, wurde zu
den Zeiten des Simon Pauli mit der Salbey wirklich kurirt. Bontius sagt, daß in
Indien die Lähmungen damit sind geheilt
worden. Aetius legt dieser Pflanze deßwegen die größten Lobsprüche bei, weil sie
die Fruchtbarkeit bei Weibern auf eine
günstige Weise beförderte. Und die Geschichte bezeugt, daß sie in großem Ruf
gewesen, wenigstens erhellet so viel hieraus,
daß sie in allgemeiner Hochachtung gestan-
den hat. Denn so oft die Pest Aegypten
verheerte, so hat dieses kluge Volk allemal
anbefohlen, daß sowohl Männer als Wei-
ber ohne Ausnahme, sich der Salbey be-
dienen mußten, um das Land desto eher
wieder zu bevölkern. Man hat zu allen

Zeiten ihre Kräfte in den Krankheiten des Kopfes und der Nerven sehr hoch geschätzt; es sind Schlafsuchten damit kurirt, und Schlagflüsse verhütet worden, daß sie nicht wieder gekommen sind.

Da bescheidene Schriftsteller so viele Lobsprüche verschwenden, so muß man sich nicht wundern, daß die wärmern Verehrer dieser Pflanze solche für eine Panacee aus= geben, daß sie soll tobsüchtige Menschen kurirt, und Narren ihren Verstand wieder verschafft haben, oder daß man tausendmal den alten berühmten Vers hersagen hört:

Cur moriatur homo, cui Salvia crescit in horto?
Wie kann ein Mensch sterben, der Salbey im Gar=
ten hat?

Das sind die übertriebenen und aus= schweifenden Lobsprüche, womit ein schwär=

merischer Kopf denjenigen Gegenstand
heruntersetzt, den er dadurch zu erheben
meint. Es liegt zwar überhaupt eine
Wahrheit zum Grunde, die aber auf eine
thörichte Weise vorgetragen wird.

Wir haben hier die ganze Nachricht für
Augen, und es ist leicht einzusehen, wo die
Wahrheit ein Ende hat, und wo die
Schwärmerei ihren fruchtlosen Anfang
nimmt. Man würde übel handeln, wenn
man das Wirkliche verschreien wollte, weil
Schwärmereien sich damit vermengt haben.
Man sieht, was kluge Schriftsteller von
der Salbey sagen, und man hat Ursache,
zu glauben, daß sie wirklich die Kräfte be=
sitzt, die sie angeben. Wir wollen unter=
suchen, wie man sie daraus bekommen kann,
und wie sie am Besten anzuwenden sind.

Unsere Väter haben an dem ersten Punkt nicht gezweifelt, allein in dem andern haben sie sich geirrt.

Die Sage versicherte ihnen, daß die Salbey alle diese Kräfte in sich enthielte, und die glaubwürdigen, obgleich rohen Schriftsteller der Haushaltungskunst bestärkten sie in ihrem Glauben. Sie führten also die Pflanze auf verschiedene Weise bei ihren Speisen und Arzneien ein. Sie tranken sie als Thee, sie aßen sie in ihrem Käse, und machten sich dieses zu einer sehr wichtigen Pflicht, sie im Monat Mai auf Butter und Brod zu essen. Es gibt einige häusliche Familien auf dem Lande, wo diese Gewohnheiten noch heilig gehalten werden. Ich habe zeithero etliche Jahre mit besonderer Sorgfalt hierauf Achtung

gegeben, ich kann aber nicht sagen, daß
diese Familien in einem Stücke gesünder
gewesen wären, als ihre Nachbarn, die
mit ihnen zugleich in einerlei Luft, und
auf die nämliche ordentliche Weise gelebt
haben.

Man könnte hieraus übereilt schließen,
daß die Salbey nicht die beigelegten Kräfte
hätte. Allein außer dem übereinstimmenden
günstigen Zeugniß des ganzen Alterthums,
und gewissermaßen aller Völker, muß ich
auch noch anführen, daß ich verschiedene
hieher gehörige Dinge gesehen und gehört
habe, welche das Zeugniß meines noch
lebenden Greises bestätigen, und diese sind
so überzeugend, daß sie einigen Eindruck
bei mir machen mußten. Ich besinne mich
auf eine Frau aus der kleinen Stadt Stan-

grunb bei Peterborough, bie so alt war,
baß sie bloß beßwegen, wie ich wirklich gehört habe, für eine Hexe gehalten wurde.
Ein viereckigter Platz von zehn Ellen,
welcher mit einer Leimmauer vor ber Thüre
ihrer kleinen Wohnung umschlossen war,
stanb völlig voller Salbey. Unb sie sagte
es nicht nur' selber, sonbern auch Jebermann an bem Orte, baß sie beßwegen so
lange lebte. Man konnte eigentlich nicht
für gewiß sagen, wie alt sie sei, weil sie
älter war als bas Kirchenbuch. Allein
Jebermann erinnerte sich überhaupt, baß
sie schon von ihren Vätern bie alte Frau
wäre genannt worden.

In ber Hauptkirche zu Peterborough linker
Hanb, wo man in ben großen Theil berselben
hineingeht, ist ein Gemälbe unb eine Grab-

schrift von einem Manne, der ehemals Küster
an diesem Orte war, und wenn ich mich
nicht irre, Scarlet hieß. Er hatte dieses Amt
so lange verwaltet, daß er, wie die Grab-
schrift besagt, alle Einwohner des Orts
über. zweimal hatte begraben helfen. Die
eigentliche Zeit ist nicht angemerkt, wie
lange er gelebt hat, er wurde aber von
mehr als einer Nachkommenschaft für ein
lebendes Wunder gehalten. Man hat
große Ursache, dieses lange Leben der Salbey zuzuschreiben. Denn ich erinnere mich,
daß ich in meiner Jugend an diesem Orte
ein Stück Land bei dem Kirchhof gesehen,
wo sich damals an der steinernen Mauer
noch die Ueberbleibsel einer breiten eichenen
Bank befand, und dieses alten Mannes
Bett genennet wurde. Man erzählte, er

hätte die letzten Jahre seines Lebens fast
den ganzen Tag darauf geschlafen. Man
fand damals überall, und vielleicht auch
noch jetzt einige alte Büsche von Salbey
und Raute, die wechselsweise gepflanzt
waren, und woraus er, aller Vermuthung
nach, einen Trank gemacht hatte. Es wissen
daselbst noch verschiedene Leute, daß er ein
altes lateinisches Sprichwort, welches er
wahrscheinlicher Weise von einem Prediger
an dieser Kirche wird gelernt haben, öfters
im Munde geführt hat:

Salvia cum Ruta facient tibi pocula tuta.
Aus Salbey und Raute kann man ein gesun=
des Getränke bereiten.

Man erinnert sich der Dinge, die man
in der Jugend gesehen hat, lange Zeit,

und öfters haben alte Geschichten große
Vortheile gebracht. Es sind in der That
die Hälfte der neuen Erfindungen nichts
weiter, als alte, wieder aufgewärmte Sachen.
Wiegt man diese Dinge gegen einander
ab, so bleiben dennoch die Kräfte der Salbey, wenigstens bei mir, noch immer uner=
wiesen. So viel ist wirklich aus dem
ersten Beispiel deutlich bewiesen, daß Salbey auf Brod und Butter, daß Salbeykäse
und Salbeythee nicht diejenigen Kräfte
äußern, die man von der Salbey erzählt
hat. Allein es kömmt bei einer Arznei
viel darauf an, wie man sie gebraucht,
und was sich hieher noch mehr bezieht, so
ist unstreitig, daß in den Pflanzen einige
Theile eine Kraft besitzen, die andern gänz=
lich fehlen, oder sie besitzen sie doch nur in

einem so geringen Grade, daß sie wenig
wirken können.

Man hat sich bei allen diesen Beispielen
der Blätter von der Salbey bedient. Allein
es befinden sich die besten Kräfte nicht in
den Blättern dieser Pflanze. Es sind gemeiniglich die Wurzeln und der Saamen
überhaupt am kräftigsten. Doch haben
auch einige besondere Pflanzen ihre besten
Kräfte in andern Theilen. Es ist auch
möglich, daß ein gehöriges Auflösungsmittel bei diesen allgemeinen Fällen ist gebraucht worden. Und vielleicht ist dieses
in den besondern Beispielen geschehen, wo
die Salbey sich so sichtbar kräftig erwiesen
hat, denn die Art, wie der noch jetzt
lebende Greis seine Salbey braucht, ist
von ihm nicht entdeckt worden, und ich

glaube nicht, daß des Küsters pocula tuta
Theeschälchen waren. Es scheint also nicht
unmöglich zu sein, daß die Salbey alle die
Kräfte besitzen kann, welche ihr die alten
Schriftsteller zugeschrieben haben, und daß
die meisten Leute jetziger Zeit sie vergeblich
suchen, weil sie nicht die kräftigsten Theile
nehmen, oder sie gehörig brauchen.

Ich habe diese Gedanken so vorgetragen,
wie sie mir bei der vorgehabten Untersuchung beigefallen sind, und das werde ich
auch so mit den folgenden Sätzen machen.
Vielleicht kann diese Weise Andern nützlich
sein, die so genauer Untersuchungen nicht
gewohnt sind, und sie kann gewissermaßen
dienen, diejenige voreilige Meinung auszu-
rotten, wodurch mögliche Dinge als eitel
verworfen werden, weil sie nicht in allen

Stücken zutreffen, und welche vermuthlich
mehr, als die Unwissenheit selbst beige-
tragen, daß die Schranken der Wissenschaft
nicht völlig offen sind.

Ich setzte also meine Untersuchung weiter fort, und lenkte sie auf die verschiedenen
Theile der Salbey, auf die verschiedenen
Arten, und so wie sie in verschiedenen
Boden, und zu verschiedenen Jahrszeiten
wachsen. Ich habe diese Untersuchung ehemals einige Jahre hindurch angestellt.
Mein Garten zu Bahswater (ich danke
dafür Gott, dem König und meinem grof-
sen Gönner) gab mir hierzu hinlängliche
Gelegenheit. Alle Pflanzen befinden sich
hier, und alle Arten von Boden, wo sie
wachsen können. Ich habe gefunden, daß
unter den verschiedenen Arten die gemeine

rothe Salbey die größte Kraft besitzt, und
ich habe auch in Ansehung dieser gefunden,
daß Diostorides gar sehr auf dem rechten
Wege gewesen ist, wenn er zum medicini-
schen Gebrauche diejenige vorschlägt, welche
in magern, trockenen und harten Boden
wächst. Denn nach meiner Einsicht haben
diese Art Pflanzen, welche an trockenen
und steinigten Orten wachsen, weit mehr
Kraft als solche, die ihre Nahrung aus
einer feuchten, fruchtbaren Erde gezogen
haben. Mein Garten wird nicht gedüngt,
weil ich jede Pflanze in ihrem natürlichen
Stande sehen will. Wie weit schlechter
als meine Salbey muß nicht diejenige sein,
welche gemeiniglich in gedüngten Küchen-
gärten gezogen wird?

Von der besten Art der Salbey, die in

solchen Boden gewachsen war, wo sie am
kräftigsten zu sein pflegt, habe ich sehr
sorgfältig nicht nur die Blätter allein,
sondern auch die Wurzel und den Samen
untersucht. Die Blätter sind am besten
zum Gebrauch kurz vorher ehe die Blumen=
stengel aufschießen: das ist im Mai. Es
hatten also diejenigen Recht, welche unsern
Voreltern anriethen, sie bei dieser Jahrs=
zeit zu gebrauchen. Diejenigen, welche sie
beständig brauchen wollen, müssen sie zu
der Zeit trocknen, um sich damit auf das
ganze Jahr zu versorgen. Ich ließ sie
häufig nehmen, und gab auf ihre Wir=
kungen genau Acht. Sie sind gelinde herz=
stärkend, erquickend, und eine Magenarznei.
Sie sind kräftiger, als sich diejenigen ein=
bilden, die sie nicht anders, als Thee zu

3

gebrauchen wissen; allein sie besitzen keineswegs solche Kräfte, als die Alten von dieser Pflanze vorgegeben haben.

Die Wurzeln haben einen Geschmack, der aber nicht besonders kräftig ist. Ihre Kraft kommt mit der Kraft der Blätter überein, doch ist sie um viele Grade geringer. Nun war noch der Same zu untersuchen übrig, von dem ich nach dem allgemeinen Laufe der Natur viel erwartete. Er ist weit wärmer und herzstärkender, als die Blätter, er treibt die Blähungen, und ist den Nerven zuträglich. Allein er hat noch nicht die Kräfte, oder in der That beinahe nicht die Kräfte, welche dieser Pflanze sind zugeschrieben worden.

Wenige mißlungene Versuche haben Viele von weitern Versuchen abgebracht.

Allein die Bemerkung, die ich in den alten Schriftstellern fand, eine Bemerkung, die sich in vielen andern Beispielen auf die Erfahrung gründete, veranlaßte mich zu weitern Nachforschungen.

Ich hatte schon längst bemerkt, daß zu gewissen Jahrszeiten in besondern Theilen der Pflanzen gewisse Säfte enthalten sind, oder abgesondert werden, die zu andern Zeiten in der nämlichen Pflanze, oder in jedem andern Theile nicht befindlich sind. Erstaunen Sie nicht, geliebter Leser, über diese Lehre! Ich will sie durch viele Beispiele beweisen, und sie wird uns weiter, als alles das Uebrige führen.

Die Blüthenknospen in dem Hypericum Campoelarense des Columna sind im August mit Drüsen bedeckt, welche kleinen Steck-

3 *

nabeln ähnlich sind. Diese enthalten einen
scharlachfarbenen harzichten Saft, der sich
in einem schwachen Weingeist auflösen läßt,
und ein herrliches Mittel wider die Wür=
mer ist. Die Staubfäden der Blumen sind
auch in diesen und einigen andern Arten
mit eben dem gefärbten Saft versehen, und
besitzen eben die Kraft, aber in einem
geringern Grade. Man wird diesen Saft
in jedem andern Theile der Pflanze, oder
zu einer andern Zeit vergeblich suchen.
Auch hat die übrige Pflanze keine solche
Kraft. Es ist ein geringes reinigendes
Mittel und weiter nichts.

Die Wurzel der Fraxinelle, welche in
der Arznei gebraucht wird, ist ein unnützes
Holz. Die Blüthenknospen schwitzen im
Heumonat ein reines und vollkommenes
Harz aus, das im höchsten Grad wohl=
riechend ist, so, daß die Finger, womit
man sie bloß anrührt, viele Stunden die=
sen Geruch behalten. Ich habe gefunden,
daß dieses Harz den Harn treibt, und so

kräftig als fast die meisten andern Mittel.
Es ist dieses eine Kraft, die in der übri=
gen Pflanze nicht bemerkt wird. Auch
findet man die Farbe, den Geschmack, oder
den Geruch dieses besondern Saftes in
keinem andern Theile derselben, oder zu
jeder andern Jahrszeit.

Wenn man die Pflanzen in ihrem
Wachsthum genau beobachtete, so würden
sich so viele dergleichen Beispiele finden,
daß man ein ganzes Buch mit solchen Be=
merkungen anfüllen könnte. Ich werde
hier bloß noch ein einziges anführen, weil
es sehr häufig vorkommt. Es ist die Rose.
Der angenehme Geruch dieser Blume, dem
nichts gleich kömmt, ist bekannt, und wir
kennen auch ihre Kräfte. Wir gebrauchen
die Blumen, die in einigen Arten purgi=
rend, in andern zusammenziehend sind.
Allein man übersieht einen Saft von einer
verschiedenen Art, der sich in den Knospen
derselben befindet, den dieser Theil allein
besitzt, und sich zu einer andern Zeit an

dem ganzen Stocke nicht spüren läßt, und
sowohl in Ansehung der Eigenschaft, als
der Kräfte von allen übrigen Theilen völlig
unterschieden ist. Es ist ein zartes und
wohlriechendes Harz, das sich gewisser=
maßen bei allen Rosenblüthen in der Knospe
befindet, und zwar die Zeit über, da sie
blühen. Am meisten aber bemerkt man es
in der Pfundrose. An dieser ist die Knospe
groß, lang und schön gestaltet, und die
ganze Blühzeit über mit seinem eigenen
balsamischen Thau benetzt. Es. schwitzt
beständig eine Art eines flüssigen Balsams
aus denselben, der sich an die Hände an=
hängt, und sehr angenehm riecht. Weicht
man diese Knospen in einen Weingeist von
gehöriger Stärke ein, so wird er mit die=
sem Balsam sehr gut geschwängert. Ich
habe eine solche Tinktur von großem Nutzen
in dem Griese gefunden. Er besitzt die
Kräfte des Copaiva, ohne den üblen Ge=
schmack zu haben.

Diese Gedanken veranlaßten mich das

vergangene Jahr, die Knospen der Salbey
genau zu untersuchen, und ich fand darinnen,
was ich vorher in jedem andern Theile
der Pflanze so oft vergeblich gesucht hatte.
Eben zu der Zeit, wenn sich die Blüthen
der Salbey zu öffnen anfangen, befindet
sich in ihren Kelchen ein starkriechendes
Harz von der Art, welches sehr kräftig,
balsamisch und wohlschmeckend, und dem
Geschmack nach eines der angenehmsten
Stärkmittel ist, das man sich nur erdenken
kann. Es ist erwärmend und aromatisch
ohne alle Schärfe. Ich zweifelte nun nicht
länger mehr an Allem, was man von der
Salbey gesagt hatte. Der Geruch, der
Geschmack, die stärkende Kraft, verspricht
hier Alles. Und ich konnte zu gleicher
Zeit nicht anders schließen, als daß ganz
andere Beispiele vorhanden gewesen, wo
die Alten von den Kräften in Pflanzen sehr
ausführlich gesprochen haben, welche man
nicht bemerkt, wenn sie nach der jetzt ge=
bräuchlichen Weise verordnet werden. Ich

vermuthe hier eine Art von Treulosigkeit;
ich glaube, sie haben in der That einen
großen Theil ihrer Kenntnisse dadurch ver=
hehlt, daß sie sich angestellt, als wenn sie
Alles sehr aufrichtig entdeckt hätten. Sie
haben nicht gesagt, wo oder wie die Kräfte
zu finden sind, die sie so hoch anrühmten,
sondern sie haben nur die Gegenstände ge=
nennt, wo sie sich befinden sollten. Das
Beispiel des Johanniskrautes, oder des
Hypericums, scheint dieses sehr laut zu
verrathen. Es war ihnen die hier erwähnte
Art bekannt, denn ich habe es vielmals
von eben den Stellen herbekommen, die
ihnen sehr wohl bekannt waren. Sie sag=
ten, sie wäre dienlich wider die Würmer,
allein die nach ihnen kommende Welt ver=
suchte die Pflanze vergeblich, und ver=
schmähte sie. Ich vermuthe, sie haben bloß
die Blüthknospen gebraucht, und folglich
war ihre Kur glücklich; wir brauchen das
Uebrige von dieser Pflanze, und es geht
kein Wurm ab. Denn sie gaben wohl

Nachricht von ihrer Wirkung, allein sie
verschwiegen, in welchem Theile der Pflanze
diese Kraft anzutreffen sei.

Als ich ausfindig gemacht hatte, wo der
kräftige Balsam der Salbey befindlich war,
so war meine nächste Sorgfalt, wie solcher
zum Gebrauch am besten zu erhalten sei.
Ich habe den Kräften der Pflanzen allezeit
nach meiner eigenen Weise nachgeforscht,
und sobald ich überzeugt war, daß sie eini=
gen Nutzen haben könnten, so habe ich sie
allemal gleich bekannt gemacht, damit sie
von Andern desto besser konnten angewen=
det werden.

Ich habe gefunden, daß die größte Kraft
der Pflanzen überhaupt in einem harzichten
Safte befindlich ist. In sehr wenigen ist
er bloßes Harz, in den meisten ist er mit
Gummi vermengt, und macht dasjenige
aus, was man gemeiniglich Gummiharz
nennt. Diese Art von Saft kann man in
vielen Fällen von allen andern abgesondert
erhalten, wenn man die Pflanze in heißen

Gegenden anritzt. Hier zu Lande geht
solches nicht wohl an. Doch ist er in be=
sondern Theilen der Pflanze zu gewissen
Jahrszeiten befindlich, und kann durch die
Auflösung ausgezogen werden. Es ge=
schieht dieses durch einen Weingeist von
einer gehörigen Stärke. Bloßes Harz
wird mit starkem Weingeist aufgelöst, bloßes
Gummi mit Wasser, Gummiharz mit
Weingeist und Wasser zusammengemischt,
und muß man sich dabei in Ansehung der
Stärke darnach richten, ob der Saft mehr
aus Harz, oder mehr aus Gummi besteht.
Da man diese Dinge nicht einzeln bekom=
men kann, so läßt sich bloß durch die Er=
fahrung ausmachen, was die Bestandtheile
sind, und wie stark das Auflösungsmittel
sein muß, um sie damit auszuziehen. Es
sind bloß zween Grade von Weingeist ge=
wöhnlich. Allein es ist nützlich, mehrere
zu haben. Ich habe dergleichen ein und
zwanzig. Sie sind leichtlich gemacht, wenn
man dem stärksten Weingeist nach verschiede=

nen Verhältnissen Wasser zugießt. Wenn ich
die Kräfte einer Pflanze versuchen will,
so thue ich eine abgewogene Quantität von
der Pflanze in einen abgemessenen Theil
von jedem dieser Geister. Sie stehen in
einerlei Hitze, werden zugleich umgeschüt=
telt, und die nämliche Zeit über digerirt.
Nachgehends untersuche ich sie verschiedene
Mal mit der größten Sorgfalt, und wenn
ich ausfindig gemacht habe, welches die
stärkste Tinktur ist, so nehme ich her=
nach allemal diesen Grad des Weingeistes
dazu.

Auf solche Art bereitete ich ein und
zwanzig Tinkturen von den Knospen der
Salbey. In einer derselben, wozu drei
Theile von Alkohol war genommen worden,
fand ich die Kraft der Pflanze vollkommen
und völlig. Die Knospen wurden abge=
sondert und abgewaschen, und waren völlig
ohne Geschmack, und die Tinktur, welche
mit ihrem balsamischen Saft angefüllt war,
roch stark, hatte die Kräfte der Pflanze in

sich, und versprach, höchst nützlich zu sein.
Ich habe mich seitdem bemüht, sie kräftiger
zu machen und zu erhöhen. Denn mit
einfachen Tinkturen geht dieses gemeiniglich
an. Und ich bin fast der Meinung, daß
man zuletzt in der Salbey alles dasjenige
finden wird, was von guten Schriftstellern
zu ihrem Vortheile ist gesagt worden.

Der Lord Baco beklagt sich mit Recht,
daß sich die Aerzte bloß auf die Kur der
Krankheiten gelegt, und die Verlängerung
des menschlichen Lebens nicht geachtet hätten.
Vielleicht kann diese Untersuchung etwas
beitragen, diesen Vorwurf abzulehnen. Es
scheint wenigstens möglich, daß man auf
solche Art eine Arznei aus der Salbey be=
reiten kann, welche den schnellen Fortgang
unserer Vernichtung aufhalten wird, die
uns in den letztern Jahren des Lebens so
sehr auf die Fersen tritt; welche die Sinne
und das Gedächtniß erhalten wird, und
die einem vernünftigen Geschöpfe lieber
sein müssen, als das Leben ohne sie. Ja

sie wird die Schwachheit mäßigen und die
Kraftlosigkeit mindern, und die obgedachten
Geisteskräfte munter erhalten, welche das
Alter so sehr empfindet, und allemal be=
fürchten läßt. Sie wird die Hände lange
Zeit vor dem Zittern bewahren, und die
Augen für Dunkelheit, und machen, daß
die Lampe des Lebens helle brennt, so lange
als die Natur sie brennen läßt.

Ihre Wirksamkeit mit einem gehörigen
Verhalten und einer guten Lebensart zu
befördern, steht alle Zeit in unserer Ge=
walt, und einige wenige leichte und einfache
Regeln, die dabei zu beobachten sind, sollen
den Endzweck dieser kleinen Abhandlung
vollenden.

Wenn man lange und gesund leben will,
so muß man Achtung geben, was für
Menschen zu allen Zeiten am längsten, am
gesündesten und am glücklichsten gelebt
haben. Wir werden finden, daß es weise
und gutgesinnte Menschen gewesen, und dieß
fast ohne Ausnahme.

Gelaffene Menschen sind zu allen Zeiten alt geworden. Vielleicht lebt der weise und gutgesinnte Mensch deßwegen lang, weil er von einem sanften Temperament ist.

Ein fröhlicher Muth befördert ein langes Leben, und aus dieser Quelle entspringt das Beste unter allen Dingen. Denn was macht so fröhlich als die Unschuld? Ich meine hier nicht eine ausgelassene Freude, die entspringt öfters von einer Berauschung. Wenigstens ist sie eine Beunruhigung des Gemüths, und dient mehr, die Kräfte abzunützen, als zu erhalten.

Weil also die Weisheit zu einem langen Leben etwas beitragen kann, so ist es gut, wenn man den Verstand gebraucht, aber nicht zu sehr anstrengt. Mäßigkeit hat Jeder in seiner Gewalt und auch Tugend. Diese werden der Natur diejenige Stille und Gelassenheit geben, welche das Leben erhalten, indem sie sein Feuer unterhalten. Sie sind das völlige Widerspiel einer ausgelassenen Freude und heftiger Leidenschaf=

ten, die zwar eine große Flamme erregen, welche aber nicht sowohl leuchtet, als viel= mehr verbrennt.

Es muß also der Greis diejenige Arznei, welche sein Leben verlängern soll, dadurch wirksamer machen, daß er alle Anstrengung sowohl des Geistes als des Körpers ver= meidet. Doch muß er diese Regel keines= wegs so weit ausdehnen, daß er alle Bewe= gung, oder alles Denken völlig bei Seite setzt. Angenehme Verrichtungen und ver= drießliche Arbeiten sind verschiedene Dinge. Und es wird Niemand seine natürliche Zeit leben, welcher sich nicht in allen Dingen zu mäßigen weiß.

Das Alter erfordert mehr Schlaf als die Jugend, und die Natur zeigt, daß sie dieses haben will. Man muß ihr folgen, aber eben auch noch mit einer Mäßigung. Der Schlaf vergeht, wenn man zu lange im Bette liegt, hingegen findet dieses Alter in einer sanften Ruhe, die vielleicht mit angenehmen leichten Träumen beseelt ist, eine wahre Erquickung.

Kummer und Thränen vernichten den Bau des Körpers durch die Unordnungen, die sie in uns erregen. Es verlohnt sich nicht der Mühe, daß sich ein Greis über etwas grämt. Er hat nichts weiter zu wünschen, als vergnügt zu leben, und mit einem Worte, vergnügt zu leben, ist der Weg zum langen Leben.

***

In demselben Verlage erschien und ist in allen Buchhandlungen zu haben:

Sepher Schimmusch Tehillim. Oder Gebrauch der Psalmen zum leiblichen Wohl der Menschen. Aus der praktischen Kabbala. Nebst andern kabbalistischen Schriften. Uebersetzt von G. Seelig. Mit Abbildungen. Preis 54 kr. oder 16 Sgr.

Panax, der biblische **Wunder-Medicus**, oder von den Grundursachen der Krankheiten und deren sicherer Heilung, nach klaren und geheimnißvollen Anweisungen in der heiligen Schrift. Von Einem, der die Wunder solcher Arzneien bei gläubigem Gebete erfahren, und an Andern gesehen. Preis 36 kr. oder 11 Sgr.

www.ingramcontent.com/pod-product-compliance
Lightning Source LLC
Chambersburg PA
CBHW050656270326
41927CB00012B/3053